ANTONELLA VIDI MAIER

ALS ICH DIESE
STIMME HÖRTE

Worte der Quelle und Worte der Weisheit

Gechannelte Botschaften
und Texte aus meinem Leben

novum ◢ pro

Dieses Buch ist auch als
e-book
erhältlich.

www.novumverlag.com

© 2024 novum Verlag

ISBN 978-3-99146-674-1
Lektorat: Mag. Elisabeth Biricz
Umschlagfoto:
Getty Images Switzerlang SA.
Umschlaggestaltung, Layout & Satz:
novum Verlag
Innenabbildungen:
S. 8, 14, 36, 64 © Antonella Vidi Maier,
S. 40 © Michele Maier,
S. 6, 12, 16, 22, 24, 26, 30, 34 © pixabay.com,
S. 18 © Getty Images Switzerland SA

Die von der Autorin zur Verfügung gestellten
Abbildungen wurden in der bestmöglichen
Qualität gedruckt.

www.novumverlag.com

Druckprodukt mit finanziellem
Klimabeitrag
ClimatePartner.com/16547-2311-1001

Vorwort

Wie wunderbar ist es, wenn wir uns im Leben geborgen und beschützt fühlen von der göttlichen Energie und jeden Schritt im Vertrauen gehen! Wir verstehen immer besser, wer wir sind, und schreiten voll Selbstvertrauen strotzend, stark und mutig, furchtlos und frei und voller Liebe zu allem und jedem durchs Leben. Diese Botschaften sind Gebete der Hoffnung und der Liebe, um dem Leser das Herz und den Geist zu öffnen, um zu erkennen, dass wir Eins mit der göttlichen Quelle sind, mit dem Leben und mit allem was ist. Es sind Gebete, die helfen, sich so zu sehen, wie man im tiefsten Wesen ist. Es geht darum, dass man sich selbst lieben lernt, so wie man ist. Mutig sein, seinen eigenen Weg zu erkennen und spüren, dass wir in ein grosses Ganzes eingebettet sind und dass wir von diesem Göttlichen getragen sind.

Ich bin Antonella über meine Arbeit als Medium immer wieder in meinem Zirkel oder als Schülerin meiner medialen Ausbildung begegnet. Sie ist eine dieser wahrhaft Suchenden, erfüllt von der göttlichen Liebe und der Sehnsucht, diese Liebe anderen Menschen zu öffnen.

Möge beim Lesen dein Herz sich öffnen, lasse für einen Moment deine Träume und deine Sehnsucht wandern, wohin sie dich tragen! Dort findest du dein «wahres ICH» und den Ort, wo du zu Hause bist.

Martina Camenzind Medium, Medialität

Einleitung

Während einer Zeit der Läuterung und «in-mich-Gehens», fand (m)ich die Quelle. Ich war überrascht – zugleich verunsichert und etwas verwirrt, denn was ich geschrieben hatte, konnte nicht von mir sein. Es war eine Botschaft, so rein und in Reimform geschrieben und in so kurzer Zeit aufs Blatt gebracht. Was war das? Tränen rollten aus meiner Sicht und ich brauchte einige Momente, um mich wieder zu finden. Das Leben ist wunderbar. Auch wenn man es nicht versteht oder es noch fremd ist, heisst das nicht, dass es nicht richtig ist. Es ist einfach etwas Neues und das Neue möchte erkannt und erforscht werden.

Diese Botschaften sind voller Liebe und Wahrheit. Diese Botschaften haben ewige Gültigkeit. Jedes Wort ist reine göttliche Energie.

Ich wünsche dir, dass du berührt wirst von diesen Worten und dass du die Liebe fühlst, die dich umhüllt. Mögest du in deinem Herzen beschenkt werden. Mögest du von deiner Seele eingehüllt werden und immer mehr erkennen, wer DU in Wahrheit bist.

Ein göttlicher Mensch, ein Engel auf Erden. Du bist ein heiliges Wesen, denn in dir wohnt die Göttlichkeit. Du bist Seele. Sei gesegnet!

Danke, dass du dieses Buch in deinen Händen hältst!

All Es liegt in deinen Händen
All Es liegt in deinem Herz.
Verbinde Herz und Hand
Gott hat dich gesandt.

All Es fliesst zuerst durch dich
nimm es an auf ewiglich.
Gib es weiter immer mehr
Du bist das Kind der Sternenmeer.

Vertraue deinem Spüren nur
schenke anderm keine Spur.
Alles fliesst durch Gottes Licht
von sich zu dir, von dir zur Sicht.

Zu Allem Sein im ewigen Leben,
Liebe Dich, du bist Sein Segen.

Antonella Vidi Maier 2006

Mediales Schreiben

Es war gerade im Jahr 2006, als mein Vater gestorben war, es ging mir gar nicht gut. Sein Tod hatte mich in ein tiefes Loch fallen lassen. Durch dieses Loslassen kam ganz vieles hoch und ich suchte Hilfe, um wieder da raus-zu-kommen. Ich sprach mit meinem Vater darüber, denn ich glaube, dass man mit Verstorbenen sprechen kann. So erschien er mir eines Nachts im Traum. Es war ein sehr realer Traum und seine Botschaft war: „Ich werde dir etwas schicken, dass dir helfen wird. Es tut mir sehr leid, dass du so viel getragen hast, es war wirklich nicht alles deins. Ich werde meinen Teil wieder zurück-nehmen. Bitte vergib mir."

Ja, was sollte ich dazu sagen, als: Ich **DANKE** dir von ganzem Herzen!

Ein paar Tage oder Wochen danach entdeckte ich auf einer Internet- Seite eine Schule für Bewusstsein. Es waren Lehrgänge und Meditationen die man zuhause machen konnte. Die 22 Schritte in die Wirklichkeit der 5. Dimension. Das war genau das, was ich brauchte. Diese Schritte waren und sind für mich das Beste gewesen, um mich zu klären. Vieles durfte ich ablegen, annehmen und wandeln. Heute bin ich Coach dieser 22 Schritte und begleite Menschen während dieses Prozesses. Diese Schritte sind eine Reise zu dir selbst. Eine wundervolle Reise von Lichtinsel zu Lichtinsel. Alles, was hochkommt, darfst du wandeln und integrieren. Dein Licht wird immer mehr leuchten und du erschaffst dir ein neues Sein.

Vielen Dank dir, liebe Patricia Saint Clair.

Genau da, bei einer dieser Meditationen geschah es … weinend von dieser Berührung durch diese Jesus – Meditation, verspürte ich ein inneres Verlangen zu schreiben und was ich danach las, war nicht von dieser Welt.

In Reimform hatte ich etwas aufs Papier gebracht, was mich noch mehr weinen lies und ich wusste nicht genau, was da gerade geschah. Ich habe es immer wieder gelesen und dabei gedacht, das kann unmöglich von mir sein. Aber es sollte wohl durch mich geschrieben werden. Was ich geschrieben hatte, passte ja so genau zu meinen Gefühlen oder zu diesem Augenblick. Meine Dankbarkeit war grenzenlos und ich irgendwie wirklich total durch den Wind. So hatte ich immer wieder solche klaren Momente, wo ich schreiben durfte. Einfach Worte der Quelle, denn sie haben immer Gültigkeit. Es sind nun schon über 18 Jahre her, aber es fühlt sich heute noch so wahr an und so wird es immer sein. Einmal fragte ich die Quelle, warum ich alles in Reimform bekomme, die Antwort kam schnell. „Du würdest es sonst nicht glauben, denn so schnell, solche Worte der Wahrheit und noch in Reimform zu schreiben, ist mit dem Verstand fast nicht möglich." Oh ja, das konnte ich wirklich glauben.

So gab es ab diesem Moment auch „normal geschriebene Briefe" – nicht mehr immer in Reimform. Ich war und bin so glücklich, berührt und tief dankbar darüber.

Hier folgen nun diese medialen Botschaften, die für mich so voller Zauber und Wahrheit sind. Ich hoffe und wünsche mir, dass diese Worte auch dich in deinem Sein unterstützen!

Mein Nachname „**VIDI**" bedeutet, **ICH sah,** von Sehen. Nicht so, wie man diesen Spruch auch noch kennt ... Sie kam, sah und siegte. Viel mehr ... **Sie kam, sah und liebte.**

Lichtvoll
Antonella Vidi Maier

EIN GEBET

Heiliger Neuer Tag.
Ich begrüsse dich Gott und Göttin.
Ich begrüsse die Heiligkeit,
die Schönheit und die Liebe in mir.
Ich begrüsse die Engel des Lichtes und der Liebe, alle Erzengel,
Heilengel, Meister und Meisterinnen
Götter und Göttinnen, Priester und Priesterinnen.
Ich begrüsse das Göttliche in mir.
Ich begrüsse alles, was heilig ist in Mir, in Dir und in uns Allen.
Führe mich in klaren reinen Gedanken, in absoluter Freiheit
und Leuchtkraft, damit ich meinen Seelenweg beschreiten
kann, als ein göttlich erwachter Engel auf Erden.
Lass meine Leuchtkraft allen Lebewesen Liebe, Dankbarkeit
und Freude bringen! Unterstütze uns
in unserem Selbstheilungsprozess!
Ich lasse alles los und vertraue.
Ich danke der Weisheit für alle Erfahrungen und Heilungen.
Ich vergebe und verzeihe, Mir selbst und allen anderen, in allen
Zeiten und allen Ebenen.
So gebe ich mich hin, in Gottes Führung, im Wissen, dass ich
als göttliches Kind immer geliebt, geschützt und getragen bin.
Möge mir das Licht in Mir, immer meinen Weg beleuchten!
So sei es. Ich bin Wort. Ich bin Wort. Ich bin Wort.
Danke, für diese Zeilen.
Danke, für diese Momente und meinen Mut
es jetzt zu schreiben!
Danke für das Veröffentlichen dieses Buches!
Mögen diese Texte und diese Botschaften
dein Herz berühren!

ERWACHEN IN CHRISTUS

Du Kind der Seele weine nicht!
Ich bin das Licht,
das durch dich spricht,
dass durch dich fliesst
und tief in deinem Herz erspriesst.
Such nicht aussen suche drin,
All Es hat stets einen Sinn.
Ich sehe deine Liebe nur,
ich bin mit dir, bei jeder Spur.
Gott Vater ist es klar
und er sieht, auch deine Schar,
die feste dich umhüllt
und schützend, dein Sein erfüllt.
Er liebt die weiche Seele dein,
denn du bist seiner Seele Sein.
Ich führe dich mit Gottes Licht,
in jeder Zeit auf ewiglich.
Nicht einen Schritt gehst du allein,
ich werde immer bei dir sein.
Du bist ein Gottes-Kind,
dass jetzt vorwärts geht geschwind.
Dein Gott Vater spricht zu dir,
ich führe dich von Ihm zu Wir.
So gebe deinem Suchen Nach,
du bist am Ziel, und jetzt Erwach.
So gebe deinem Suchen Acht,
du bist am Ziel und jetzt Erwacht.
So gebe deinem Suchen Nacht,
Du bist am Ziel und jetzt Er Wacht.

Airanae Antonella Vidi Maier
05. Dezember 2006

15

DIE NEUE ZEIT

Der Glanz in deinen Augen
Der Glanz in deinem Kleid
Sei nun bereit,
es kommt die Neue Zeit!
Sie ist von neuem Licht umgeben
und mit dir, mein Gottes-Segen.
Wirf alles ab und lasse los
befreie deinen Mutter Schoss!
Weiche Neuem, sei bereit
es ist gekommen, die Neue Zeit.
Sie trägt Früchte, Fülle pur
heb es auf, auf deiner Spur.
Lasse Zeit für Neue Früchte
und gib auf jetzt alle Süchte!
Öffne Herz und Seele dein
denn bei mir, bist du daheim!
Lasse Schatten hinter dir
schau nach vorn, und folge mir!
Sieh das Leuchten überall!
Sieh und segne alle Wege! Sieh und segne alle Welt!
Leuchte in die Ferne, wie die Himmelssterne!
Leuchte diesen Glanz, wie ein Sonnentanz!
Leuchte es hinaus, so wie in meinem Haus!
So trete ein und strahle, wie die vielen Male,
wenn du nach Liebe dich erstreckst
und es von mir, in dir entdeckst!
Halt nicht fest, was fliegen will
horche, schaue, sei ganz still!
Reich mir deine Hände dein
und meine Liebe, wird ewig bei dir sein!

Airanae
Antonella Vidi Maier 08. März 2007

DIE CHRISTUS KRAFT

Die Liebe ist die Kraft, die Alles schafft.
Die Liebe ist die Sehnsucht,
nach der ihr euch Alle sehnt.
Ihr tragt sie im Herzen
verdeckt, unter euren Schmerzen.

Nimm meine Kraft und spüre,
nimm die Liebe und berühre.
Es ist ein Gefühl des Lichten Tragens,
immer und in allen Tagen.
Bei jedem Wort, bei jeder Tat,
ist meine Christuskraft in jeder Saat.
So säe jederzeit, mit jedem Atemzug die Kraft,
die dich von innen her Neu erschafft.

Weisst du noch immer nicht, was du bist?
So spüre dich in meinem Licht!
Wie fühlst du dich in meinem Schein-
verbunden oder gar allein?
So zweifle NIE daran, mein Kind,
wo du auch bist, meine Kraft
und Liebe stets bei dir sind.
Geh deinen Weg und spüre in dein Herz,
ich löse in dir jeden Schmerz.

Wenn es aus reinem Herzen aus dir sich sehnt,
wirst du spüren, wie meine Kraft sich IN Dir ausdehnt.
Deine Liebe berührt meine Gedanken fein,
ich weiss, du möchtest manchmal noch näher bei mir sein.
Aber du bist mir schon so nah mit deinem Licht,
so nah, dass ich es sehe in deinem Gesicht.
Tränen rollen weg, aus deiner Sicht,
was braucht es Worte, wenn jemand
mit den Augen spricht!

Schau mit den Augen deines Herzens
und spüre meine Heilkraft in deinen Schmerzen,
die manchmal durch Zweifel dich erreicht,
mit meiner Christuskraft aber von dir weicht.

Segne diese Worte, segne deine Taten,
wir sind vereint, du musst nicht mehr warten.

Airanae
Antonella Vidi Maier 20. April 2007

DIE GÖTTIN

Wo warst du, wo bist du,
wo soll ich dich finden?

In den Sternen, im Mond, in Sonne und Winden.
Oh Mutter, oh Vater, in mich vereint,
meine Seele ist jetzt wieder in Einheit.
Die Schmerzen im Herzen, an diesem Ort,
hat eure Liebe weggeschwemmt mit einem Wort.
Die Liebe vereint im grossen Herzen Mein,
so soll es jetzt für immer sein.

Gespalten ist jetzt mein Sein nimmer mehr,
ich sehe die Stille, das Fliessen im offenen Meer.
Die Heilung durchbricht meinen Schein,
mit deinen Strahlen in meinem Sein.
Bin verbunden mit meiner Liebe zu dir,
und spüre, wie ich werde zu wir.

Erhebe mich, strahle und dehne mich aus,
ich bin nun durch dich, in meinem heiligen Haus.
Oh Göttin, du bist jetzt in mir erwacht,
so liebe und handle in deiner Macht!
Verweile mit Liebe in meinem Liebesherzen,
vergebe mir selbst und meinem Schmerzen!

Vergebung ist eine Grosse Kraft,
die Platz, für das Neue erschafft.
So lebe, liebe und segne den Weg,
der vor Mir jetzt offen steht!
Durchschreite mit hohem Gesänge
die Neuen Heiligen Klänge.

Airanae Antonella Vidi Maier 09. Juni 2007

LIEBES LIED

Wo singt die Liebe dein Lied?
Sie ist in jedem Wesen so lieb.
So sing deinen Ton in Gottes Kraft,
im Lichte erstrahlt es mit seiner Macht!
Singe das Lied der Liebe dein,
meine Schwingung wird in deiner Seele sein.
Horche und lausche nach diesem Ton,
du trägst diese Liebe auf ewig schon.
Singe das Lied der Liebe dein,
gehe mit deinem Licht dort hinein!
Wir führen dich ewig den Weg entlang,
so findest du im Herzen deinen Liebes-Klang.
Versprühe die Worte weit umher,
die Klänge sie heilen immer mehr.
Es schwingt so klar und hell,
sind mit dir zusammen, schnell.
Finde den Ton der Liebe in dir,
sei gewiss, wir sind immer sicher auch hier.
Wo sollten wir sonst schon sein,
wenn nicht bei unseren Seelen daheim.
Singe für dich den Ton deiner Liebe,
es vertreibt auf ewig die Hiebe,
die du dir selber gedacht,
zum Reifen in deiner Macht.
Es gibt nichts, was leuchtet so sehr,
als jeder Ton des Liedes es wär.
Vereint mit Allen Tönen der Welt,
unsere Seele das Sein neu erhellt.
Viele Töne in sich vereint
ein jeder aber sich selber bleibt.
Lass Liebe sich darin mitschwingen,
und der Menschheit Freude und Freiheit bringen!

Airanae Antonella Vidi Maier 26. Oktober 2007

STILLER TRAUM

Wenn der Traum in dir erwacht es ist das Heiligste der Nacht.
Gib Raum und Kraft in diesem Traum,
so wird er sein, in deinem Raum.

Ich bin der Gottes-Führer in dir, steh immer da in deiner Tür.
Fühl meine Nähe hier, höre ich bin stets in dir.
Auch wenn du es nicht siehst, meine Energie stets bei dir ist.
Meine Liebe fliesst dann zu dir, du spürst und fühlst es, denn

ICH BIN HIER!

So fühle die Bilder in dir und träume sie zur Wahrheit hier!
Es soll nicht mehr ein Traum länger sein,
die Macht zur Erfüllung ist in dir daheim.
Das Vertrauen in mir und dir,
zusammen der Traum, deine Wirklichkeit führt.
Was soll sich für dich erfüllen,
in allen Bereichen dir Erleichterung bringen?
Sehe dich als grosses Licht und durchbreche den Traum
mit unserer Sicht!

Schau auf und geniesse die Kraft,
dass das **Eins-Sein** miteinander erschafft!
Erlaube dir, gut zu dir zu sein,
denn Träume sind nicht nur Träumerein.
Gib ihnen die Kraft der Manifestation
und sie zeigen sich dir, im Aussen schon.

ERWACHE AUS DER ILLUSION!
Sie verschwindet von dir, wie ein fliessender Strom!

So öffne die Arme und sei bereit,
empfange sie jetzt, die Neue Zeit.
Vertraue dem leichten Leben,
es ist jetzt wie ein leichtes Schweben.
Die Samen der Träume, sind nicht einfach Schäume.
Lass die Träume heraus,
damit sie sich zeigen, in deinem inneren Haus!
Gib sie weg zum grossen Licht,
damit es sich erfüllt, in deiner Pflicht!

Trage sorge zu deinen Gedanken,
die Liebe soll sie stets lenken.
Sei nicht zu streng zu dir,
umhülle dich, mit meiner Liebe hier!
Bin auch ich in deinen Träumen,
willst du's doch nicht versäumen.

Was aus meinem Herzen kommt,
will hin zu dir und allen Menschen der Welt,
damit all diese Träume, die Seelen erhellt.

Airanae
Antonella Vidi Maier 12. März 2008

GÖTTIN DER ERDE

Kind der Tiefe

Wohin du gehst, wohin du stehst
sei stets dir klar, es wird sein wie's war.
Vor langer Zeit, vor Jahr für Jahr
das Licht durchbricht, durch deine Sicht
mit festem Grund, das Stund für Stund.

Das eine Ganze auf dieser Welt
sieht man, wie's vom Himmel fällt.
Die Verbindung von Gott in Dir
führt dich mit deiner Liebe zu mir.

Ich stärke dich in meinem Sein
weil du bei mir auch bist Daheim.
So besuche mich zu jeder Zeit
ich bin für dich bereit.

Umarme dich mit meiner Erdenkraft
damit du dich fühlst, klar und erwacht.
Verbinde die Wurzeln in mir
die Mutter Erde spricht durch mich zu dir.

Sende Liebe, Frieden, Leichtigkeit im Sein
und dein Leben wird dein Daheim.
Spreche von mir mit der Menschenwelt
sie sieht nicht immer was fällt.

Durch das Aufbrechen der alten Kruste
dann das Neue, was niemand wusste.
Von Tag zu Tag wird es Neu entstehn
Jeder, der will, kann es sehn.

Seht nicht nur das Leiden überall
sendet Gedanken der Liebe ins All!
Es ist nicht messbar für euren Geist
was dann geschieht, sprengt euer „es heisst".

Ich liebe jeden von euch, ihr Erdenkinder
nur, geht mit den Gedanken geschwinder!
Jeder Gedanke in Liebe zu mir
verbindet euch mit dem Leben hier.

Ich bin die Erde, die Mutter, die Kraft
die mit dem Vater das Neue erschafft.

Airanae
Antonella Vidi Maier 23. Juni 2008

WEIHNACHTEN ODER WEIH-NACHT

Weihnacht steht jetzt vor der Tür
und wo bist du auf dieser Spur?
Entspannt vor Freude und gelassen oder flitzt du durch die Gassen?
Rückblick halten von diesem Jahr und betrachten was alle war.
Ob gut ob schlecht, was heisst das schon?
Schweres entpuppt sich auch, als „Die Lektion"
Nicht werten, urteilen und belehren,
lauschen, horchen und Neues verstehen.

Was ist Weih-Nacht überhaupt?

Salben und auch Segnen, uns selbst und andere pflegen!
Inne – halten und sich lieben, um nicht
die Botschaft zu verschieben.
Einsamkeit, das Herz tut weh, was bin **ICH**, was ich nicht seh.
Alle sind wir Gottes – Kinder, die einen sehen es geschwinder.
Die anderen verdecken es mit Furcht und Sorgen
und warten jeden Tag auf morgen.
So sag ich dir, ganz tief und klar:
Öffne dein Herz, es ist so wunderbar!
Lächle, sei bereit zu geben, DIR und anderen auch zu vergeben.
Nimm dich selber an die Hand und führe dich ins Himmels – Land!
Es liegt ganz nahe in dir drin, denn dort,
macht es wirklich einen Sinn.

Antonella Vidi Maier 16. Dezember 2018

HALLO MENSCH

Was suchst du aussen in der Welt, was Freude und Spass in dir
erhellt? Du fragst dich oft, was kann es sein, was in MIR,
mir diese Freude zeigt?

Es sind die Menschen, die sich brauchen, um nicht in Angst
und Trauer zu ertauchen. Der Mensch braucht Mensch, ums
zu erleben, alleine wäre es einsam, dieses Leben!

Dafür sind wir nicht hergekommen, du sollst das Leben
fröhlich doch bekommen. Einsamkeit soll nicht dein Leben
steuern, mit Dankbarkeit wirst du's nicht bereuen.

Was suchst du denn, Tag-ein, Tag-aus und rennst und rennst
und findst nicht raus. **Mensch**, du suchst so vieles weg von
Dir, glaub mir, was du suchst, ist stets in dir.

Alles ist in deinem **Inneren** gelegt, durch viele Wunden auch
dort gepflegt. Traue dich und heil die Wunden, auch die,
aus ganz alten Stunden!

Sie sind da drin in deinem Wissen und warten auf dein
Befreiungs-Küssen. Horche und lausche in dich hinein,
alles kannst du löschen, alles befrein.

Du allein bist Träger deiner Macht, du allein bist Retter, der
das schafft. In jedem ist alles Leuchten gelegt,
alle Dunkelheit ist dann weg-gefegt.

Traue dich und find **Dein** Licht, das tief in dir
alles durchbricht! Tag für Tag kann so Neues entstehn,
dann wirst du vieles anders verstehn.

Dafür brauchst **Du**, mal Mut mal Kraft,
doch DU Mensch,
kannst es schaffen, in deiner Macht.

Öffne dich **Mensch**, und sei endlich bereit,
die Gabe zu leben, in dieser Zeit!

Es treibt dich voran auf deinem Weg, sei mutig und
vertraue diesem Weg! Es ist der Weg des Kriegers in dir,
du wärst sonst schon lange nicht mehr hier.

So lebe, liebe und nie vergesse zu sein, der Mensch,
der Liebe bringt, in jedem Herzen daheim.

Antonella Vidi Maier im Januar 2020

NAMASTE

Ich ehre den Ort in dir,

in welchem das ganze Universum wohnt.

Ich ehre den Ort in dir,

welcher aus Liebe, Freiheit, Licht

und Wahrheit besteht.

Bist du an diesem Ort in dir,

und ich an diesem Ort in mir,

SIND WIR EINS.

Das Wort NAMASTE beinhaltet

diese Botschaft.

Mit nur einem WORT kann jeder

ganz viel aussenden, wenn

er sich dessen Bewusst ist.

Ganz Wunder-Voll.

Ich treffe MICH

Ich war ein Kind, wie viele andere Kinder und trotzdem so einzigartig wie jeder Mensch. Nur, diese Einzigartigkeit habe ich viele, viele Jahre später erst gesehen, gefühlt, erkannt. Geboren und aufgewachsen bin ich in der Schweiz. Meine Eltern stammen aus Italien und in jungen Jahren kamen sie als Gastarbeiter in die Schweiz, wie ganz viele andere. Meine Erziehung war geprägt von vielen Ängsten und Sorgen, die ich aus der Not und der Kultur meiner Eltern auch übernommen und gefühlt habe. Ich wurde sehr geliebt und auch sehr behütet, so bin ich dann aufgewachsen. Das funktionierte eine Weile. Als ich aber **MEINE** Kraft in mir spürte und diese leben wollte, durfte ich es nicht. Das war nicht so „erfreulich" für mich und irgendwann platzte diese Blase. Dazu später.

Ich fing an, mich dafür falsch zu machen. Diese Kraft habe ich dann in meinem Körper eingeschlossen. Ich passte mich an und versuchte brav zu sein, weil ich wirklich glaubte, es müsste halt so sein. Meine Eltern waren wunderbar und sie machten, was sie kannten und wovon sie überzeugt waren. Nur, es war ja **mein** Leben und das war eben anders als ihres. Ja, so ging ich durch die Schule und es war nicht leicht für mich. Ich war keine gute Schülerin und so glaubte ich auch noch, dass ich dumm bin!

Das war nicht wirklich unterstützend und es hat mich mein halbes Leben lang begleitet. Ich wollte irgendwie immer etwas beweisen, mir und auch allen anderen. Das war nicht einfach! **Natürlich nicht!** Es war eine verdammt anstrengende und lange Zeit!

Mit 19 Jahren bin ich dann von zu Hause ausgezogen und sofort mit meinem damaligen Freund zusammen-gezogen. Was für ein Drama! Für meine Eltern und auch für viele rundherum! Was ist bloss los mit ihr? Was tust du uns an? Es war sehr schwierig für mich, aber ich konnte nicht anders. Ich musste ausbrechen und mein Leben leben! Aber es zeigte sich nicht ganz so einfach, denn ich hatte trotzdem ein schlechtes Gewissen. So besuchte ich sie oft. Irgendwie schaffte es meine Mutter auch immer wieder, mich nach Hause zu holen. Für dieses oder jenes musste ich immer mal wieder zu ihnen, um was zu lesen, das zu tun, da zu helfen usw. Es ist ja auch gut, wenn man sich gegenseitig hilft, aber für mich war es manchmal wie eine Manipulation, die ich aber auch zugelassen habe. In dieser Zeit hatten es auch meine Eltern nicht so leicht, da sie sich mit dieser Geschichte auseinandersetzen mussten. Meine Mutter wurde krank, so eine Art Depression. Ja, und ich war natürlich nicht ganz unschuldig ... was für eine kranke Welt war das denn? Das hörte ich übrigens auch von aussen.

Da war noch mein jüngerer Bruder und gerade mit ihm machten sie mir ein schlechtes Gewissen. Das tat weh!

Doch ich durfte lernen und ich habe gelernt, auf mich zu hören. Ich bin oftmals hingefallen und wieder aufgestanden. Aber das sollte in meinem Leben noch öfters so sein.

Als mein Vater damals nach kurzer Krankheit verstarb, begann für mich, wie schon erwähnt, eine intensive Zeit! Trotzdem konnten wir in diesen letzten Monaten mit ihm, auch vieles auflösen. Das war eine sehr bewegende, aber auch schöne Zeit für uns alle. Wir haben dieses „Abschied nehmen" so gut es ging, liebevoll gemeistert. Diese Zeit hat uns auch geheilt und gestärkt. Miteinander sind wir durch diesen Prozess des Loslassens noch mehr zusammen-gewachsen.

Dafür bin ich sehr dankbar!

Von diesem Moment an, begann meine Mutter einen anderen Weg zu gehen. Den Weg der Selbständigkeit. Sie hat sich sehr zum Positiven verändert! Ich hätte das nicht gedacht. Sie ist heute wunderbar, weil sie ihr Leben meistert und sie immer wieder aufsteht. Und ich? Heute mit über 60 Jahren habe ich MICH gefunden, und ich habe vieles in mir gesehen und auch neu **ent-deckt**. Vieles war so tief in mir verborgen. Ich bin heute gerne mit mir zusammen und ich geniesse es mit mir zu sein. Eine lange Reise in mein Inneres. Was für ein Leben! Das ist ganz gut so!

Aber das Beste kommt ja noch, denn jetzt beginnt es erst recht. Ich fühle das Feuer in mir. Es erwacht! Es ist wieder da um gelebt und genährt zu werden, um es lodernd endlich in die Welt zu tragen. Dieses Feuer der Ekstase das überall in jedem von uns wohnt, aber nicht überall in jedem brennt. Lasst euch **entzünden** von diesem Feuer. Es ist wie eine Neu-Geburt, immer da gewesen, aber jetzt erst erkannt. Ich bin mir sehr dankbar, dass ich es geschafft habe, heute so zu sein, wie ich bin. Wer weiss, was noch kommt? Viele Wunder sind noch offen und ich lasse sie zu mir kommen. Manchmal ist es einfach nur ein frecher, wundersamer Moment, der sich zeigt. Ich folge diesen Impulsen und lasse es geschehen ...

Die Natur spricht

Haben wir vergessen, wie die Natur mit uns spricht? In jedem Samen liegt die Energie einer Botschaft. Wenn wir mit offenen Augen durch die Natur streifen, erkennen wir so viel Wahrheit und Schönheit. Sei es eine Blume oder ein Stein, ein Baum oder eine wilde Landschaft, alles ist Leben und wenn wir uns dafür öffnen, finden wir so viele Antworten darin.

Ich laufe manchmal durch den Wald und frage nach der Schönheit dieses Tages. Manchmal frage ich auch nach der Schönheit für MICH und oft sehe ich dann etwas, was mein Herz berührt. Es kann auch ein Tier sein, das gerade meinen Weg kreuzt. Wenn ich danach frage, dann erhalte ich fast immer eine Antwort. Manchmal braucht es auch keine Antwort, oder wir verstehen sie gerade nicht, weil wir zu sehr mit anderem beschäftigt sind. Ja, auch das ist eine Antwort. Die Natur gibt uns auch viel Kraft, wir atmen die Luft ein und wir verbinden uns mit ihr. Die Natur reinigt unseren Körper und unsere Gedanken. Wir finden Ruhe und Frieden und reinigen uns so auch von schweren Lasten, die wir mit uns mittragen. Einfach mal in die Weite sehen, das Wasser eines Sees, das Meer, die Berge wie sie majestätisch und kraftvoll allem trotzen! All das sind Empfindungen, die uns berühren. Das gibt uns diese Stärke und die Kraft, im Alltag zu bestehen. Die Natur hat die Kraft, unsere Gedanken zu ändern und ruhiger zu werden. Wenn das nicht Wunder sind, dann weiss ich auch nicht. Wo richten wir unsere Aufmerksamkeit hin? Auf das Schöne oder auf das Nicht-Schöne? Ja natürlich, es gibt immer beides, denn das eine kann ohne das andere nicht sein. Die Natur erholt sich immer auf ihre eigene Art, auch wenn wir Menschen das nicht immer verstehen oder sehen.

Wäre es dann nicht auch einmal an der Zeit, zu DANKEN? Dafür, dass wir alles benutzen dürfen, ohne je einen Preis zu bezahlen. Der Preis, den wir bezahlen ist vielleicht unsere Miss-Achtung dafür, dass wir einfach nehmen, ohne darüber nachzudenken, ob es gut ist und ob es Sinn macht.

DANKE sagen ist wirklich einfach. Es genügt, wenn wir die Dankbarkeit in uns fühlen und ehren und dann sagen:

DANKE für diesen Wundervollen Tag!
DANKE für diese Schönheit!
DANKE für diesen Menschen, den ich heute getroffen habe!
DANKE für die Stille!
DANKE für die Liebe!
DANKE dass ich lebe!
DANKE all dem Guten um mich herum!
DANKE für Mich selbst!
DANKE für das LEBEN!
DANKE für die Freude!
DANKE, DANKE, DANKE für was immer es für dich ist!

Wenn jeder mit sich selbst für Gutes sorgt, und damit ist auch die innere Haltung gemeint, dann können wir uns noch viel mehr erfreuen und die Welt, zu einem besseren Ort für uns alle machen.

Ja, es klingt vielleicht einfach … und es ist vielleicht nicht immer einfach, aber in erster Linie geht es ums TUN. Genau da scheitern viele, weil sie nicht umdenken können.

Es genügt eine Millisekunde, um eine Entscheidung zu treffen. Die Entscheidung, sich zu entscheiden es einfach TUN, oder sich entscheiden es nicht zu Tun. Es ist immer deine Entscheidung.

Bist du dir **BEWUSST**, dass du täglich so viele Entscheidungen triffst?

Viele dieser Entscheidungen treffen wir einfach so aus dem Moment heraus, oder aus einer Laune, oder weil wir gerade Lust dazu haben und das ist nicht falsch ... aber wenn du ganz **BE-WUSST** entscheidest, dann trägt das viel mehr Kraft und mehr Energie in sich.

Entscheide dich für mehr Natur, mehr Dankbarkeit, für mehr Freude und Leichtigkeit, mehr Frieden und Freiheit, Glückseligkeit und Fülle und für alles, was DU in deinem Leben einladen möchtest! Empfange dein Leben! Empfange dich und die Liebe!

Die nächste Botschaft wurde mir in der Corona-Zeit überliefert. Es ist auch ein Song entstanden. Man kann diese Zeilen so lesen, als ob es ein Liebesbrief wäre oder derjenige von Mutter Natur an DICH.

Auf jeden Fall war ich einmal mehr berührt von diesen Zeilen. Was fühlst du, wenn du das liest? Wo findest du dich in diesen Zeilen? Lausche in dich, sei still, fühle

Suche nicht weit, denn alles, was wir brauchen, ist so nah! Es ist so nah, weil es in dir drin ist. Es ist versteckt, unter eigenem Schlamm und Sorgen, ganz tief verborgen. Räume auf, lass dich auf-räumen! Werde still und lausche! Worte haben Macht, Worte sind kraftvoll, Worte können lieben oder auch zerstören. Trage Sorge mit deinen gesprochenen Worten.

Verabschiede dich von Dingen, die dir nicht mehr dienen. Diene deinen neuen Gedanken, die dich glücklich machen!

Bleibe nicht länger in alten Schuhen! Gehe neue Wege! Trau dich, denn nur **DU** kannst etwas ändern! **NUR DU!**

Du bist DA

Heute Morgen nach dem Frühstück, wollt ich dich sehen,
wollt ich dich treffen, in Gedanken fast vergessen
dass du da bist.

Jeden Tag, jede Stunde und jede Sekunde, will ich dir Schreiben, dich berühren, dich tief in meinem Herzen entführen.
Will dir sagen, weil du lebst und weil du immer zu mir stehst,
weil du hier bist und mich nährst.

**Warum kann das nicht jeder sehn
Warum ist es so schwer das zu verstehen
Warum ist es so schwer für viele Leben
Warum braucht es Kriege, vor dem Segen**

Du schenkst mir deine Liebe jeden Tag, was da draussen auch
immer kommen mag. Du bist hier mit deiner Wärme, deiner
Kraft du ernährst mich Tag für Tag.
Nimmst mich mit, zeigst mir was wichtig ist, zeigst mir den
Weg der kleinen Dinge. Man kann sie mit dem Herzen sehen,
sie leuchten auf und geben Frieden.

**Warum kann das nicht jeder sehn
Warum ist es so schwer das zu verstehen
Warum ist es so schwer für viele Leben
Warum braucht es Kriege, vor dem Segen**

Das alles frag ich mich ...
und leise schallt eine Stimme in mir ...
HALLO, ich bin schon so lange hier und DU in mir, jeder
Atemzug von DIR, erhellt ein Licht in dieser Welt,
denn dafür bist du hier.

Warum kann das nicht jeder sehn
Warum ist es so schwer das zu verstehen
Warum ist es so schwer für viele Leben
Warum braucht es Kriege, vor dem Segen

Auch wenn du mich nicht immer fühlst, weil du in deinem
Wirken wühlst, seh ich in dein Gefühl, das so viel machen
will. Verlier dich nicht zu viel …

Schau mich an, werde still und sieh dich um. Die Berge, Seen,
Sonne, Mond und Sterne. Die Blumen, Bäume, Wiesen und die
Felder. All das, ist Teil von mir. All das, das lebt in Hier.

Die Gedanken und die Träume, schau sie dir genauer an,
traue deiner Stimme und geh den Weg entlang.
Zweifle nicht, wie schon so lange,
denn jetzt ist der richtige Moment.

Antonella Vidi Maier im April 2020

Leseratte

Ich liebe es so sehr zu lesen! Schon seit vielen Jahren lese ich Bücher über Bücher. Es sind fast immer Fachbücher oder Bücher über das alltägliche Leben, über Spiritualität, über Wunder und wunderbare Geschichten mit Menschen.

Wenn ich Bücher kaufe, dann lasse ich mich von ihnen anziehen und schaue dann, vor welchem Buch ich stehen bleibe. Meistens gehe ich in einen Bücherladen, ohne genau zu wissen, was ich möchte. Einfach diesem Impuls folgen, in einen Bücherladen gehen und sich dann überraschen lassen. Ich schaue, was mich inspiriert, und oft finde ich genau das, was ich nicht glaubte zu finden, was mich dann in meinem Inneren berührt.

Auf diese Art, aber auch manchmal über Empfehlungen, kaufe ich Bücher. Ein Buch ist für mich, als wenn ein Mensch mir gegenübersitzt und sich mit mir austauscht. Es ist, wie wenn ich ein Seminar oder eine Stunde für mich mit **MIR** habe und kommuniziere. Auch wenn meine Sichtweise nicht immer gleich wie in diesem Buch ist, so spüre ich hinein und schaue was macht **DAS** grad mit mir?

Lesen ist für mich etwas ganz Schönes und Tiefes. Manchmal ist es auch so, dass ich fast erschrecke, was ich gerade so lese, denn es berührt mich ganz tief in meinem Inneren, so als ob dieses Buch es gewusst hätte. Das ist dann richtig magisch.

Manchmal ist es auch wie eine Initiation. Das zeigt sich bei mir, wenn Tränen über mein Gesicht rollen und ich dann dieses Gefühl habe, gesegnet zu sein. Es ist für mich wie „nicht ganz von dieser Welt".

Geküsst vom Leben durch stilles Sein und **Berührt-Werden** von Worten und Energien „was es ja auch ist" ...

Dann soll noch jemand sagen ... Es ist egal, **was** du sprichst, **was** du liest oder **was** du siehst ...

Worte sind mehr als einfach **nur** Worte. Es sind Berührungen der Seele, die uns zeigen, wie wir uns selbst und andere Wesen wie Tiere, Menschen oder die Natur damit be-singen, besprechen und be-rühren. Denn Worte fliessen direkt ins HERZ.

Diese Wort-Schwingung erreicht jeden, auch wenn wir nicht alles genau verstehen. Darum achte darauf, *was du sprichst*! Achte darauf, *wie du sprichst*! Achte auf deine Gedanken!

Worte können zerstören und zerschneiden, Lügen verbreiten und Unwahrheiten sprechen. Aber auch trösten, aufmuntern, lieben, motivieren usw.

Alles kehrt irgendwann wieder zu dir zurück!

Wir sind immer unser eigener Richter! Gnadenlos! JA, ohne Gnade!

Wer hilft WEM

Vor vielen Jahren begann mein Weg oder meine Berufung, mit Menschen zu arbeiten. Ich wusste noch nicht, dass es der Anfang einer langen Reise zu mir selbst war. Was mich dazu geführt hatte war, dass ich immer irgendwie wusste, dass ich mit meinen Händen arbeiten würde. Dazu kam etwas ganz Banales. Ich konnte einfach keine langen, schönen Fingernägel wachsen lassen, weil sie vorher schon brachen. Da sagte ich mir: Gut, dann werde ich wohl etwas TUN, wo es keine langen, schönen Fingernägel braucht. So kam es dann auch.

In Zürich besuchte ich eine Massage-Schule. Nie hätte ich gedacht, dass ich einmal so etwas machen würde. Aber der Traum von schönen Händen mit langen Fingernägeln war noch nicht vorbei, denn kurz vorher liess ich mir diese langen, schönen Fingernägel machen! Ich hatte schon sehr viel Freude daran! Aber nur für kurze Zeit, denn mein Lehrer liess mich wissen, dass ich diese bald weg-zu-machen hätte. Was für eine Ironie des Schicksals! So geschah es dann auch.

Ich konnte schon sehr bald mit meinen Massage-Therapien beginnen, Sport-Massagen, Fussreflexzonen-Massagen, Schmerz-Therapien usw. Auch wenn ich anfangs etwas gehemmt war, durfte ich vieles kennen lernen. So gab es auch ganz verschiedene Bedürfnisse meiner Kunden. Die einen wollten mehr als nur eine Massage, andere wollten einfach entspannen, wiederum andere hatten Muskelverspannungen und dann gab es solche, die mehr das Gespräch suchten als eine Massage-Behandlung. Da ich sehr klar in meinem Wirken war, wurde meinen Kunden auch immer ganz deutlich mitgeteilt, was mein Angebot ist, oder eben nicht. Es wurde immer respektiert. Auch das war eine Lektion für mich. **Sagen, was man möchte, oder auch nicht**

möchte! Wie wichtig im Leben! So gesehen, habe ich das vorher wohl nicht oft gemacht, es wäre mir sonst leichter gefallen. Aber mit der Zeit fühlte es sich richtig GUT an. Wer hilft WEM? Die Zeit verging und ich blühte voll in meiner Arbeit auf. Der Mensch interessierte mich so sehr und ich wollte mehr Wissen. Der Mensch ist ein Wunderwerk und nichts geschieht einfach so. Ich begann Weiterbildungen zu besuchen, in verschiedene Richtungen zu forschen, verschiedene Möglichkeiten zu probieren und immer weiter gehen

Oft hatte ich das Gefühl, dass ich während meiner Arbeit selbst geheilt würde. Ich fühlte manchmal so stark, wie mir diese Arbeit, dieses Wirken an Menschen so viel mehr gab, auch für mich selbst! Aber ich glaubte damals, dass das doch so nicht sein durfte! So ein Unsinn! Ich konnte dieses gute Gefühl für mich einfach nicht annehmen, nicht empfangen, weil ich glaubte es sei falsch! Dabei war doch genug da für beide. Wenn man etwas tut, was einem so viel Freude bereitet und es sich gut anfühlt, dann hat es auf alle einen positiven Effekt. Wer hilft WEM?

Der Weg führte mich in verschiedene Richtungen und alles hatte irgendwie auch mit mir zu tun. Je nachdem, wie mein Empfinden war, gehörte ein Aspekt auch zu mir und durch die Arbeit am Kunden heilte ich es auch in mir. Wer hilft WEM? Mir der Zeit aber änderte sich das. Ja, es brauchte viele Jahre, doch ich durfte im Leben vieles durchleben, und zwar so, dass ich nachfühlen konnte, wenn sich ein Kunde in einer etwas schwierigen Situation befand. Das half mir, meine Kundschaft besser zu verstehen.

Ich habe viele Werkzeuge bekommen, für mich selbst und für die Menschen, die zu mir kommen. Vieles habe ich in mir heilen können und auch in Ordnung bringen können. Dadurch darf ich mich heute, aus einer Schatztruhe vieler Möglichkeiten einfach bedienen.

Wer hilft WEM?

Jahrelang habe ich an mir selbst, durch Lesen, Hören, Sehen, Fühlen, Spielen und vor allem durch das **LEBEN** selbst, gearbeitet. Aber immer mit einem offenen, ehrlichen, liebenden Herzen.

Die Liebe ist ein grosser Heiler.
Die Liebe zu dir selbst.
Die Liebe kann auch streng sein.
Liebe sagt auch manchmal NEIN.
Liebe **vergibt!**
Die Vergebung ist ein wichtiger Aspekt mit der Liebe zusammen.
Nur in der Liebe ist Vergebung möglich.
Vergebung ist ein grosses Tor.
Die Vergebung zu sich selbst noch mehr.
Die Liebe findet immer wieder neue Wege.
Der Weg der Heilung ist in dir.
Kein anderer kann das für dich tun!

Sei dein eigener Meister und übernimm Verantwortung für dich!

Du darfst auch Fehler machen und darüber lachen. Sei einfach **DU**. Mit all deinen Facetten. Du bist keine Kopie! Du bist echt!

So lebe dein ORIGINAL!

Die Welt entsteht in neuer Sicht

Wenn du durch die Strassen ziehst und du neue Wege gehst, dann findest du immer mehr zu neuer Leuchtkraft, durch deine Sicht. Du durchstreifst die lebendige Natur und erhältst neue Informationen durch deine Zellen. Die Natur ruft dich nun auf zu gehen, um die Anpassungen neu in dir zu erden. Wenn deine Gedanken dann noch in Liebe zu allem eingehüllt sind, dass ist wahrlich goldene Zeit.

Viele Menschen erfahren das gerade jetzt. Viele dürfen diesen Segen empfangen, durch die Sonne und durch die gesehenen Farben auch im Fühlen. Ein jedes Ding verändert gerade seine Ausstrahlung, je nachdem wo es die Herzensöffnung blicken lässt. Alle seid ihr mit gleichen Zellen ausgestattet, doch wie ihr sie dann füttert, das ist eine andere Sache. Die Dramen, die ihr jetzt öfters sieht und hört, sind die Produkte jahrelanger, menschlicher Mechanismen **zur Entfernung der Liebe**. Viele jedoch erwachen jetzt aus diesem scheinbaren dunklen Schlaf zu reiner Erkenntnis und Wahrheit. Bewusstsein in allem und in jeder Minute möchte euch aufhorchen, zu sehen, was gerade gespielt wird.

Jeder, der da mitspielt, ist in eigener Verantwortung und viele sind es, die da mitmachen, ohne die Regeln zu kennen!

Dann erstaunt sie dies, dass sie in Nöten kommen und manchmal sehr schwer wieder rauskommen. Hört endlich auf euer Herz, nicht nur ein bisschen, sondern hört hinein! Dazu braucht es Stille, beim Geübten aber geht es überall und immer. Denn das Göttliche ist immer in **DIR** in **UNS**. Somit ein immer-währender Freund und immer noch sucht ihr im Aussen!

Gerade du, die dies schreibst, verirrst dich auch noch manchmal in die geschäftige Welt und wunderst dich, dass du nicht schreibst! Zum Schreiben aber sollst du dich hinsetzen und in dich horchen, auch im grössten Lärm. Du kennst es schon und es ist für dich nicht neu.

Alte Programme in dir möchten dich aus dieser friedvollen und liebenden Energie raus-halten, weil sie wissen, dass du es ja soo sehr liebst und es auch energetisch in Worte für alle umsetzen kannst.

So bitte ich, dein Göttliches in dir, (Tränen) nimm dir Zeit für dich, denn in dir bin ich und möchte so sehr mehr genussvolle Zeit mit dir verbringen. So du dann auch gestärkt wieder weiter deinen Tagesablauf besorgen kannst. Du bist wie so viele so wichtig jetzt. Deine Träume sollst du im Fühlen dann auch erleben, so lebe und lasse zu, dass sie dich im Fühlen erreichen.

Vieles wartet auf dich, auf euch. Wisse, wir sind hier. Dort wo ihr uns immer fühlen könnt. **In euch!** Das gilt es ganz speziell zu wissen, zu glauben und zu verstehen. So ganz nah, näher geht es gar nicht mehr! Immer in euch, immer bei euch. So wage es, dir Zeit für unsere Zweisamkeit zu nehmen. Geniesse diese Stunden, denn es sind Herzstunden, die wir so sehr auch geniessen. Wir möchten so gerne viele von euch erreichen, aber noch nicht alle sind schon bereit dafür.

Sie trauen sich nicht, sie trauen sich's nicht zu, sie trauern in sich. So trauern sie um sich selbst. Sei du und seid ihr alle, ein Wegweiser im Leben! Viele Geschenke warten auf dich. JA, du hast uns gehört und fühlst es gerade sehr in deinem Herzen, immer sichtbar bei dir in deinen **Augen.** Denn da ist sie, deine **Träne der Dankbarkeit** und des „**Ich habe es gehört.**" Immer wunderschön zu sehen.

Ich danke dir für deinen Frieden in dir, dort wo ich dich immer erreichen kann.

Glaube und wisse, du bist ein Stern am Himmelszelt, die mit vielen anderen Sternen, diese Welt erhellt.

Lichtvoll Antonella Airanae Gottana Ankaris
Wil 28. November 2011

Gedanken oder Geh-Danken

Was ist es was sich zeigen möchte, sich aufdrängt, um etwas in uns zu er-wecken? Was da ist, wir aber nicht erlauben sich zu zeigen. Aus Angst und Unsicherheit, aus Traurigkeit und Verlust, aus unbändiger Freude dies endlich zu leben? Was interpretieren wir, was sehen wir, was sehen wir nicht? Was es auch ist, was lebt in MIR überhaupt? Ich denke nach und in meinem stillen, inneren Raum finde ich Zeit in mir und in mich zu lauschen. Tränen rollen über meine Wangen, über das was ich wieder in mir ent-deckt habe. Es war immer da, doch ich habe es einfach nicht zugelassen, es zu fühlen.

Der Alltag macht seine Runden und unser Sein wird nicht gehört. Wir drehen uns im Kreise des Alltags, sehen die Liebe nicht, nicht in uns und nicht im anderen. Wie schmerzt das doch, es nicht früher ent-deckt zu haben. Doch alles hat seine Zeit ent-deckt zu werden. Ich habe heute danach gefragt und **ES** hat in mir gesprochen. Alles macht Sinn, alles ist gekoppelt, in diesem Netz des Lebens. Wir sind mittendrin und sehen das Naheliegendste nicht. Die Welt da draussen übergiesst uns wie eine Flut mit Informationen, die wir nicht mehr stemmen können. Wir vergessen **UNS!** Das ist es, was in uns die Leere schafft. Wir verlieren die Beziehung zu uns selbst, das ist Manipulation. Aber nur wir selber können das stoppen, indem wir Bewusst werden, was da so läuft auf diesem Planeten Erde. Was wird mit uns gemacht, was lassen wir selbst zu? Jeder ist für sich selbst verantwortlich!

In jedem Menschen steckt so viel Gutes. In dir steckt so viel Gutes. Dein Licht musst du nicht suchen, es ist schon lange in dir, du hast es einfach nicht gesehen, nicht gefühlt, nicht gehört. Du hast nicht geglaubt, dass auch du ein Licht bist. Jetzt ist es Zeit, das Licht zu nähren. Drehe dein Licht auf, jeden Tag, um die Flamme in dir zu verstärken! Kerzen brennen gross und klein, das Licht in uns empfangen und weiter-geben in einem lieben Wort, eine Umarmung, für jemanden da sein, hinhören, uns zeigen und uns lieben. Eine Lichtsäule sein für unser eigenes Leben hier auf diesem Planeten Erde! So viel Schönes gibt es hier zu sehen, jeden Tag. Wo schaust du hin mit deinen Gedanken? Wo schauen deine Augen hin? Wo schaut dein Herz hin? Manchmal schauen wir hin und sehen es einfach nicht! Weil wir nicht **in** uns sind. Weil wir nicht **bei** uns sind! Jeder kann sehr vieles bewirken. Du kannst vieles bewirken. Trau dich, das Universum zeigt dir den Weg! Mag dieser Weg manchmal auch sehr einsam, steinig, schmerzhaft und sehr ungewöhnlich sein. Höre auf dein HERZ und folge deinem Impuls!

Hab eine Licht-Volle Zeit!

Lass dein Licht scheinen
über alles hinaus und höre bitte
niemals damit auf.

Antonella Vidi Maier,
Dezember 2017

Das Neue LEBEN

Ich fühle, wie mein Leben sich verlässt
und jetzt **MEIN Leben** mich NEU leben lässt.

Wo bist du, wo warst du, wo soll ich jetzt sein
immer hier und immer hier daheim.
Denn dort ist die Liebe und Liebe wird es immer sein.

Das Feld wird geschoben, hin und her
bis es sich findet im strahlenden Meer.
Endlich ist es Zeit, dass ich wieder kommen mag,
in mir trage ich jetzt die neue Saat.

Es wird nicht jeder sich dieser bewusst,.
so geschieht dann alles was kommen muss.
Die Welt bleibt ein strahlender Stern,
nicht jeder der Lebt, lebt dieses Leben gern.

Ein jeder wählt was gut für ihn ist,
ein jeder entscheidet aus seiner Sicht.
Du sollst nicht länger zum Tröster werden,
denn du hast jetzt den Kelch des Lebens in Händen.

Versprich mir, ganz bei dir zu Sein
zu hören und fühlen, in deinem Heim.
Da wirst du mich finden zu jeder Zeit
denn dort, wohnt in dir die Ewigkeit.

Vertraue dem Licht, dass du hast in dir,
du weisst doch, dass dieses Licht zusammen sind WIR.
Geh nach vorne und laufe den Weg
der jetzt sich dir zeigt, wie ein ewiger Steg.

Nimm die Kraft der Tage und leuchte sie aus
dort wo du bist, da steht dein Zuhaus.
Du bist ein leuchtender Ozean der Liebe im Schein,
egal wo du bist, zusammen oder allein.

Diese Worte sind mit meiner Liebe getränkt
und wisse, ab jetzt immer für dich beschenkt.
Lange ist es her, dass du mich so gehört
heute ein Tag, der dir die Wahrheit schwört.

Ich geniesse die Zeit bei dir zu sein
denn hier sind alle Menschen daheim.
Jeder darf selbst wählen, was kommen mag
doch nicht jeder kommt aus dieser Saat.

Die Sphären der Lichter hüllen euch ein
um in diesen Zeiten zueinander zusammen zu sein.
Verbindet euch mit euren Sternengeschwister
denn sie sehen auf euch, auf eure Gesichter.

Wir sind hier, wir sind da.
Die Zeit ist reif.
Wer nicht versteht, was das bedeutet, was das heisst,
darf sich nicht wundern ...

Alles zeigt sich in DIR drin und alles heilt auch in DIR drin.
Alles andere macht keinen Sinn.
Schimpfen, Leugnen und Betrügen tragen dich ins Nimmerland
und dort fängt alles wieder von vorne an.

Antonella Vidi Maier
21. Juni 2021

Ich sage DANKE ♥

Ich danke meinem Mann Christian! Du hast mich immer wieder gestupst, endlich dieses Buch zu veröffentlichen. Unser Urlaub in Irland hat mir die nötige Ruhe und Inspiration gegeben, es fertig zu schreiben. Danke für deine Liebe, deine Hilfe und deine grosse Geduld mit mir.

Danke Michele, für dein einzigartiges Bild! Ich liebe dieses Bild von dir und bin so dankbar, dass es in meinem Buch sein darf.

Lieber Roberto, lieber Alessandro! Danke, dass wir uns gefunden haben und ich durch euch vieles lernen durfte! Die Liebe heilt alles! Ich danke auch meinen vielen Freunden, die sich so über mein Buch freuen, bevor das Buch überhaupt fertig gedruckt ist. Ein grosses Dankeschön an die Lichtwelt für diese heiligen Worte, die ich empfangen durfte! Danke liebe Leserin, lieber Leser! Möge dein inneres Licht strahlen und dir Freude bringen – überall, wo du bist! Seid gesegnet ♥♥

Kunden Rezessionen

«Eine inspirierende Frau, die sich für das Wohlergehen anderer einsetzt. Sie ist ein Vorbild für viele Menschen und zeigt, dass es möglich ist, seine Träume zu verwirklichen.» K.G.

«Antonella strahlt so viel Weisheit und Lebensfreude aus. Ich bewundere, wie sie ihr Leben gestaltest und so viel Liebe weiter gibst.» K.

«Ich sehe eine wunderschöne weise Frau wenn ich vor dir stehe. Viel Klarheit, Power und Entschlossenheit, einfach herrlich.» B.Z.

«Eine aussergewöhnliche Frau und Mensch, mit der Gabe, anderen Menschen das zu geben, was sie in diesem einen Moment brauchen.» T.F.

Die Autorin

Antonella Vidi Maier ist im Jahre 1962 in der
Schweiz geboren und aufgewachsen. In den
vergangenen 34 Jahren hat sie als ganzheitliche
Therapeutin und Lebensberaterin in verschiede-
nen Massagetechniken, Schmerztherapien und
Lebensberatungen gearbeitet. Als Medium chan-
nelt sie Texte und Informationen, die sie unter
anderem an ihre Leserinnen und Leser weiterge-
ben möchte. Sie ist davon überzeugt, dass jeder
Mensch das Potenzial hat, glücklich, gesund und
erfüllt zu leben. In ihrer Freizeit singt, liest, malt
und schreibt Antonella Vidi Maier sehr gerne.
Sobald sie jedoch die Möglichkeit dazu hat,
verbringt sie sehr viel Zeit mit ihrer Familie, ihren
drei mittlerweile erwachsenen Söhnen, Enkelkin-
dern und ihren Freunden verteilt auf dieser Welt.
Zum Wohlbefinden tragen auch ihre geliebten
Schildkröten bei. Antonella Vidi Maier beschreibt
ihr Leben als glücklich, bereichernd, spannend
und manchmal als verrückt schön.